Nadia Ghalem

D1375361

Le Huron et le Huard

Collection Jeunes du monde
dirigée par
FLAVIA GARCIA

ÉDITIONS DU TRÉCARRÉ

Données de catalogage avant publication (Canada)

Ghalem, Nadia

   Le Huron et le Huard

   (Collection Jeunes du monde; 4)

   ISBN 2-89249-600-4

   I. Titre. II. Collection.

PS8563.H35H87 1995   jC843'.54   C95-940311-6
PS9563.H35H87 1995
PZ23. G42Hu 1995

Éditions du Trécarré
817, rue McCaffrey
Saint-Laurent (Québec)
H4T 1N3
Tél.: (514) 738-2911

Directrice de la collection: *Flavia Garcia*

Conception de la maquette: *Joanne Ouellet*

Illustrations: *Isabelle Langevin*

Illustrations du lexique: *Sylvie Nadon*

Mise en pages: *Ateliers de typographie Collette inc.*

ISBN 2-89249-600-4

Dépôt légal – 1995
Bibliothèque nationale du Canada

Imprimé au Canada

Éditions du Trécarré
Saint-Laurent (Québec) Canada

LE HURON ET LE HUARD

On l'appelait le Huron parce qu'il avait la peau brune, les yeux en amande et les cheveux comme ceux d'un Indien. En fait, on ne savait pas exactement d'où il venait, et comme il parlait peu, personne n'osait vraiment le questionner. Tout ce qu'on savait, c'est qu'il était américain.

De plus, dans le village, on murmurait qu'il avait un secret, un très grand secret.

Il y a déjà plusieurs années de cela, le Huron était arrivé dans la région pour s'occuper des hydroglisseurs des plaisanciers. Il s'était construit une belle maison de bois rond, dans une clairière près de Lac-au-Saumon, dans la vallée de la Matapédia.

Auparavant, il n'y passait que les mois d'été; il repartait ensuite «aux États», comme disaient les gens du village, en parlant des États-Unis... Puis, il s'était finalement installé pour de bon.

Il vivait en cultivant son jardin et en pêchant en canot d'écorce. De temps à autre, on faisait appel à lui pour réparer des aéroglisseurs ou des moteurs de bateau.

On parlait beaucoup de lui au village. On disait qu'il était d'abord venu ici pour échapper à la guerre du Viêt-nam. Certains avaient peur de lui, surtout quand ils le voyaient se diriger vers le bois avec son fusil sur l'épaule. Mais il semblait surtout s'en servir comme décoration, puisqu'il se contentait de chasser de petits animaux avec des pièges et des collets. Certains, dans le village, lui achetaient des prises et il avait fini par se faire quelques amis.

C'est après son mariage avec Christine que l'armée américaine était venue le chercher jusqu'ici... Il s'était absenté quelques années et était revenu encore plus silencieux, plus taciturne.

Les enfants du village venaient parfois le voir, parce qu'il les guidait pour cueillir des mûres et des framboises dans les sous-bois. Il marchait en avant et disait:

- Là, les asclépiades. Non, celle-ci est trop ouverte, il ne faut cueillir que les bourgeons. Ici, les fougères, il ne faut prendre que les feuilles bien enroulées comme des crosses...

Bourgeons d'asclépiade et crosses de fougères faisaient les délices des enfants quand l'Indien les faisait bouillir dans de l'eau salée et les servait avec du beurre et du pain de campagne.

Parfois, il se dirigeait vers les sentiers bordés de framboisiers sauvages qui griffent les doigts et les mains. Là aussi, il y avait des perspectives de desserts à la crème ou de tartes savoureuses.

LE TEMPS DES VACANCES

Lila était en vacances chez monsieur Gagné et tante Jasmine, de vieux amis de ses parents. Elle était venue de Montréal avec une épine au cœur; ses parents ne s'entendaient plus et elle avait peur qu'ils ne profitent de son absence pour divorcer. Son père, qui était d'origine algérienne, avait du mal à trouver du travail et il attribuait cela au racisme. Sa mère, une Acadienne, prétendait, elle, qu'il devait se recycler en informatique parce que ses études en philosophie ne serviraient à rien en temps de crise économique. L'Indien faisait peur à Lila, mais elle vit que monsieur Gagné et lui étaient grands amis et il arrivait que monsieur Gagné dise:

- Je vais demander au Huron...» quand il s'agissait de savoir comment utiliser un remède à base de plantes ou de résoudre un problème mécanique. Le Huron semblait résoudre tous les problèmes, comme si le fait de vivre seul dans le bois lui permettait de passer tout son temps à réfléchir aux solutions.

- Il est ingénieur, dit monsieur Gagné, il répare les moteurs, les hydravions, mais dès qu'il a fini son travail, il retourne dans les bois...

En écoutant les conversations des grands, Lila avait entendu monsieur Gagné raconter:

- Quand on l'a connu, il était jeune, il était venu ici pour éviter la guerre du Viêt-nam, il a épousé ma fille, Christine, puis l'armée américaine est venue le chercher. Depuis la fin de la guerre, il revient tous les ans passer le printemps, l'été et l'automne dans sa maison du bois.

- Où est sa femme? demanda Lila, un jour.

- Elle a cru qu'il ne reviendrait pas de la guerre...

- Elle est morte? dit Patrick qui venait de prendre part à la conversation.

- Allez jouer maintenant...

Monsieur Gagné termina sa phrase dans un sanglot, Lila comprit qu'il ne fallait plus jamais poser ce genre de questions...

LA NUIT DES ÉTOILES FILANTES

Un jour, Lila décida de se joindre aux autres enfants pour aller à «la maison du Huron».

C'était une nuit d'étoiles filantes et les parents avaient donné une permission spéciale pour que tout le monde puisse guetter les étoiles dans le ciel et faire un vœu. Quand ils arrivèrent près de la clairière, accompagnés de monsieur Gagné, ils entendirent une complainte nostalgique. Près d'un feu de bois, le Huron jouait de la guitare et chantait doucement:

Un pur-sang indien armé de silence
Chevauche des vagues de nuit
Les soirs de pleine lune
Quand le nordet poudroie
Emmitouflé de vent
Emmuré de silence
Un pur-sang indien
Aux yeux de marcassite
Se souvient...

Monsieur Gagné fit signe aux enfants de s'arrêter, ils attendirent que le Huron finisse sa chanson et s'avancèrent vers lui.

Il les accueillit avec une délicieuse boisson à la menthe sauvage et des morceaux de gâteau de miel des arbres. Tout ce qu'on mangeait et buvait chez lui avait un goût étrange, profond, parfumé.

On le disait un peu sorcier et on se souvenait que c'était lui qui avait soigné la main brûlée du petit Jérôme avec une pâte d'herbes, de la pulpe d'aloès et de l'huile de maïs.

LA MAISON DU HURON

Sa maison ressemblait à toutes celles du village, à l'intérieur, mais elle était entourée d'une serre qui ressemblait à un bouclier contre l'hiver.

Il y avait comme partout ailleurs les chambres, la salle de bains et la cuisine, puis un grand couloir, surmonté d'un puits de lumière, qui constituait la serre, entourée elle-même d'un couloir qui était une sorte d'hôpital pour les animaux malades ou blessés.

Le Huron les ramassait, les soignait, puis les relâchait dans les bois. Contre le mur extérieur, le Huron entassait de la paille et du bois de chauffage, ce qui constituait un rempart contre le froid et permettait d'avoir la bonne température pour les animaux et les plantes.

Il y cultivait des herbes et des fleurs savoureuses comme les asclépiades aux fleurs rosées et aux bourgeons à goût d'asperge, les capucines au goût acidulé qui, en bourgeons, donnent des câpres dont on parfume le saumon fumé. Il faisait pousser aussi des simples, qu'il transformait en onguents ou décoctions pour toutes sortes de maladies.

Un jour, Lila lui montra une asclépiade et lui dit:

- Je voudrais une robe comme ça...

La fleur avait une couleur rosebrun tellement belle, qu'on avait, en effet, envie de lui voler sa couleur pour s'en vêtir.

- Quand je partirai en voyage, je t'en achèterai une, dit le Huron.

Le cœur de Lila se serra, elle préférait qu'il ne parte pas. Après tout, il savait beaucoup de choses et même le mystère des plantes qui guérissent. La nuit des étoiles filantes, il avait dit comment le ciel est vaste et les galaxies, les soleils, si lointains... et notre soleil qui est une étoile, avec la terre et la lune qui lui tournent autour. Il avait dessiné par terre les ellipses et les planètes. Tout semblait proche, accessible.

LES ÉTOILES MEURENT AUSSI

- Il y a des gens là-bas, aussi, dans l'univers? avait demandé Patrick.

Comme d'habitude, le Huron ne répondit pas directement. Il continua de décrire les trous noirs et les lois, les forces qui régissent l'univers. Comment le plus grand est aussi mystérieux que le plus petit et comment nous sommes tous les descendants des étoiles.

- Peut-être qu'on est tout seuls dans l'espace... insista Catherine.

Le Huron répondit enfin avec un soupir:

- Peut-être.

Il leur dit comment les étoiles pouvaient être malades et mourir en explosant ou, au contraire, s'écraser contre une autre, pour devenir des trous noirs...

Il expliqua comment la lueur des astres met tellement de temps à nous parvenir que ceux que nous regardons sont peut-être déjà disparus.

- Ils continuent à briller dans le ciel comme un souvenir? dit Patrick qui se sentait une âme de poète.

- C'est vrai que tu pilotais un avion durant la guerre? demanda Catherine.

- Quand tu es dans l'avion, tu peux toucher le ciel? Peut-être que tu aurais pu attraper une étoile.

L'Indien sourit.

- Elles sont vraiment très loin. On les voit mieux quand on est sur la lune, mais ça coûte cher d'aller sur la lune.

- C'est vrai que tu pilotais un avion pendant la guerre? insista Catherine.

C'est à ce moment-là que monsieur Gagné regarda sa montre et dit:

- Allez, les jeunes, c'est le moment de rentrer.

Il était lui-même impressionné; pour lui, le Huron était surtout quelqu'un qui connaît le pouvoir des plantes qui guérissent et les lois de la nature. On allait le voir quand on n'aimait pas le docteur du village.

Monsieur Gagné, Catherine et Patrick s'éloignaient; Lila traînait un peu en arrière, elle voulait en savoir davantage sur les étoiles. Le Huron commençait à éteindre le feu. Il regarda Lila et dit:

- Tu es Indienne?

Elle ne répondit pas.

Elle savait qu'elle était différente des autres avec sa peau bronzée et ses cheveux droits, mais c'était dû à son père d'origine algérienne, qui avait émigré au Québec. Au village, les vieux, parfois, l'appelaient sauvagesse ou la petite sauvage, mais elle comprit très vite que c'était plus par habitude que par méchanceté.

Après un instant de silence, elle répliqua:

- Toi, tu es Indien...

Puis elle courut après les autres.

Le lendemain, ils se promenaient sur le petit chemin qui sépare la maison du bois. Elle répéta d'une voix plus assurée son affirmation de la veille:

- Toi, tu es Indien...

Elle se tut un instant, puis demanda:

- Où est ta femme?

Patrick, qui n'était jamais bien loin, dit d'une voix pointue:

- Tu l'as noyée... Tu l'as noyée.

LE MYSTÈRE DE LA NOYÉE

Le Huron, sans répondre, apporta une poignée de framboises qu'il déposa dans le panier de Patrick.

Lila se demandait qui avait été noyée par le Huron... Elle s'interrogeait sur ce mystère et sur la drôle de façon qu'avaient les gens de parler de la noyée sans jamais finir leurs phrases.

Puis le Huron, suivi des enfants, se dirigea vers la rive du lac. Il fit un détour par la maison pour y prendre ses lignes et une boîte où se trouvaient, soigneusement rangées, des mouches à pêche qui auraient fait d'élégants bijoux de métal et de plumes.

Il s'apprêtait à partir pour une expédition de pêche... Les enfants voulurent se joindre à lui. Il eut l'air ennuyé, puis accepta. Le lac avait des vagues d'argent rosé à cause des reflets du soleil, sa surface ressemblait à un miroir ondulé par un vent léger, l'air sentait le pin et la verdure. L'Indien distribua des gilets de sauvetage et, pour donner l'exemple, en enfila un lui-même.

Ses moments de pêche étaient précieux pour lui, parce qu'il pouvait tranquillement méditer sur le sens de la vie et la place de l'homme dans l'univers.

Parfois, on l'entendait chanter une ballade mélancolique où il était question de Sitting Bull et de l'Oiseau-tonnerre...

Un après-midi, comme d'habitude, les enfants s'amusaient à «espionner» les «vieux» du village, en se cachant derrière la galerie des Sarrasin. Alors que le soleil avait fini par se montrer, ils étaient là, silencieux, chuchotant parfois, avant de s'échapper comme une volée de moineaux, agités de fous rires. Au-dessus de leurs têtes, Adèle dit de sa voix grave:

- On dit qu'elle est morte noyée.

- Quelqu'un l'a tuée...

- Jacques l'aimait comme un fou, dit Louis Sarrasin.

- Il pourrait l'avoir tuée?

- Qui sait...

- Moi, je dis que ça peut être n'importe qui...

- Jacques avait des raisons peut-être?

- Ce n'est pas son genre, répondit une autre.

- Je ne pense pas que ce soit quelqu'un du village, il y a tellement d'étrangers qui passent par ici...

- J'ai pour mon dire que quelqu'un qui s'enrichit aussi vite que Jacques, ça, ce n'est pas très... très...

- Voyons donc, Jacques a fini ses études de notaire et il est revenu de Québec pour travailler ici. Il a acheté des maisons à bon prix, il les a rénovées et revendues. On ne peut pas reprocher à quelqu'un de réussir parce qu'il a bien travaillé. Tout ça, c'est de l'envie, ce n'est pas parce qu'on envie quelqu'un qu'on finit par être à sa place. C'est du gaspillage d'énergie, au lieu de nous efforcer chacun de bien faire notre travail et d'améliorer notre vie...

- Je vous dis qu'il l'aimait, répliqua Adèle Sarrasin, et il n'a jamais accepté qu'elle épouse un Indien.

- Vous trouvez ça normal que son père soit devenu ami avec l'Indien? On dirait qu'ils ne se quittent plus...

- Qui vous dit que ce n'est pas l'Indien qui l'a tuée?

- Ben voyons, il était à la guerre.

- Il aurait pu le faire faire par un de ses amis...

- Ou revenir sans qu'on le sache...

- Moi, je crois qu'il est revenu ici pour se venger...

- Qu'est-ce que vous faites ici, allez jouer ailleurs!

Le père, Louis Sarrasin, en allant chercher à boire, vit les enfants blottis sous la galerie.

Pourtant ils n'avaient fait aucun bruit et auraient bien voulu rester là pour connaître la suite de l'histoire. Mais il leur fallut se sauver en courant comme s'ils venaient de voler un grand secret.

LE FANTÔME

Les enfants suivaient l'Indien le plus souvent possible, parce qu'il leur apprenait toutes sortes de choses de la nature. Eux, de leur côté, corrigeaient son français; Patrick lui disait:

- On ne dit pas: je vais dans «le» forêt, mais dans LA forêt...

Au début, son accent américain les faisait rire, ils s'amusaient même à l'imiter. Puis, les parents leur avaient fait la leçon et ils avaient changé d'attitude et s'habituaient à l'Indien tel qu'il était. Il semblait avoir tout le temps de s'occuper d'eux... mais là, en plus, il y avait un secret, ça devenait palpitant. Chacun se demandait s'il ne serait pas le premier à découvrir la clé de l'énigme.

Il y eut même une dispute, le matin, quand Patrick déclara:

- C'est lui qui l'a tuée...

- On n'accuse pas sans preuve, dit Lila.

- La preuve, si le fantôme revient rôder par ici, c'est qu'il a quelque chose à dire...

- Non, dit Lila, on dit que les morts reviennent quand on n'arrête pas de les regretter, quand on ne les laisse pas tranquilles.

- Elle revient pour que justice soit faite, répliqua Patrick, d'un ton sentencieux.

- Tu l'as vu, toi, le fantôme?

- S'il l'a tuée, c'est qu'il est méchant, répliqua Patrick.

- Est-ce qu'il a l'air méchant? dit Catherine qui, jusque-là, avait écouté en silence en ouvrant de grands yeux.

- Ben... il peut faire semblant, répondit Patrick.

Lila sauta sur Patrick et tenta de lui tirer les cheveux, mais il était un peu plus grand qu'elle et se débattit; elle s'éloigna, découragée, et lui dit:

- Alors, arrête de le suivre si tu ne l'aimes pas.» Elle se mit à crier: «C'est toi qui es méchant, mesquin et injuste, tu accuses sans preuve. Va-t'en, arrête de nous suivre.

- Non, je reste avec vous. Je trouverai peut-être un indice, dit Patrick, avec un air de grand détective.

LE COUCHER DE SOLEIL

L'après-midi était superbe et un gros soleil rouge se couchait à l'horizon. «Les couchers de soleil de la Matapédia sont uniques au monde», disait l'Indien quand il se décidait à parler. C'était, en effet, un spectacle époustouflant: le ciel s'illuminait de nuages roses, rouges, mauves et cuivrés, un peu comme si quelque chose de miraculeux allait se produire entre le ciel et la terre; en regardant le paysage, on avait le senti-

ment de respirer plus librement, d'une
âme plus légère...

LE MYSTÈRE DU NID

Les enfants étaient partis avec le Huron,
en canot sur le lac.

Soudain, un enfant vit une chose
qui flottait à la surface de l'eau.

- Une tête de mort! cria Patrick.

- Tais-toi! dit Catherine, tu me fais
peur.

- Je te le dis, une tête de noyée,
insista Patrick.

Lila plissa les yeux et vit une chose
hirsute qui flottait sur un carré de
«styrofoam» blanc.

- Pour une fois que les déchets des
hommes servent à quelque chose...,
marmonna le Huron entre ses dents.

D'une main habile, il harponna la
«chose» avec sa ligne et son hameçon.

- Surtout, n'y touchez pas! dit-il
aux enfants.

Et il se pencha, prit avec douceur le
morceau de mousse de plastique et les

enfants purent voir un nid parfaitement rond, avec deux œufs gris verdâtre, que la lueur du soleil rendait cuivrés et argentés.

«Ounded Ni», dit le Huron, du moins, c'est ce que comprirent les enfants; en fait, il évoquait Wounded Knee, le village, symbole de la révolte indienne de 1890, et la mort du Grand Chef, Sitting Bull. C'était comme une prière secrète qu'il marmonnait en souvenir de la dernière grande bataille des Indiens.

Chaque fois qu'il était ému, le Huron prononçait ce nom-là. Certains disaient qu'il était survivant d'une des multiples révoltes indiennes, mais on ne savait pas laquelle, ni dans quel pays. D'autres affirmaient que c'était simplement un philosophe ou un poète qui aimait vivre seul dans la nature. Monsieur Gagné allait même jusqu'à dire que le père et le grand-père de l'Indien avaient fait les deux guerres mondiales et que lui, il était revenu triste et amer de la guerre du Viêt-nam.

Mais le Huron ne parlait pas beaucoup et surtout, jamais de lui.

Lila avait remarqué que lorsque les gens l'appelaient «sauvage», il y avait deux petites rides de chagrin et de colère qui se creusaient à la base de son front.

En arrivant près de la maison, il interdisait toujours aux enfants de toucher le nid.

- Si la mère revient, elle sentira qu'on a touché ses œufs, les oiseaux n'aiment pas cela... dit-il.

Il prit le carré de mousse de plastique, et le nid, aussi délicatement que s'il était extraordinairement fragile, et le déposa sur la rive, bien à l'abri des broussailles. Il expliqua aux enfants que les vagues soulevées par les bateaux à moteur pourraient l'emporter de nouveau vers le milieu du lac.

- Et si c'était un œuf de dinosaure? dit Patrick, très sérieusement.

- Tu es fou, répliqua Catherine, les dinosaures font de gros œufs et comment un œuf de dinosaure pourrait-il flotter sur l'eau depuis soixante-cinq millions d'années?

- Les miracles de la nature..., dit Patrick en levant les bras avec fatalisme.

- Leur mère reviendra peut-être les couver, dit le Huron, si elle n'est pas morte. Ce sont des œufs de huard, dit-il comme s'il avait lu le nom sur les œufs.

Les enfants étaient épatés de toutes les choses qu'il savait. Il lisait dans la nature comme on lit dans les livres.

- C'est comment les huards? dit Patrick.

- Quand vous reviendrez, je vous raconterai», répondit-il; et il s'affaira à entourer le nid de couvertures de laine afin de le protéger du froid de la nuit.

LES CAUCHEMARS DE L'INDIEN

Le Huron était très heureux de la présence des enfants. Ceux-ci donnaient à ses journées un air de fête, car ses nuits étaient peuplées de cauchemars. Parfois, il se voyait aux commandes de son bombardier ou se débattant dans un brasier, ou encore s'écrasant sur une de ces majestueuses falaises qui surplombent le delta du Mékong. En bas, il y avait les rizières comme des lacs d'émeraude. Puis, il avait au ventre ce creux que donne la pression du bombardier quand il a largué ses projectiles, quelque chose qui ressemble à de la nausée... Et ses compagnons morts là-bas, il les revoyait tous, les Blancs, les Noirs, les Asiatiques avec leurs visages jeunes. Il se sentait coupable d'avoir survécu et d'avoir le droit de vieillir, alors qu'eux resteraient dans son souvenir avec le visage de leurs vingt ans. Trop jeunes pour mourir... Ses anciens compagnons revenaient le hanter comme pour lui rappeler qu'il fallait qu'il s'occupe de la vie.

Il y avait quelquefois une trêve dans ces évocations pénibles; il lui arrivait de revoir Christine, sa femme. Comme avant, ils se promenaient ensemble et riaient. Il l'avait observée longtemps avant d'oser l'aborder. Elle avait de grands yeux bleus, intenses, et une chevelure noire qu'elle nouait en chignon sur le sommet de sa tête.

Un jour, c'était le printemps, elle revenait du marché avec les cheveux sur les épaules, simplement retenus par un serre-tête du même bleu que ses yeux. Il s'était dirigé d'un pas sûr vers elle et lui avait dit: «Laissez-moi vous aider.» Elle avait refusé, il avait insisté, lui avait offert des morilles et des coprins chevelus qu'il avait cueillis dans le bois. Puis, ils avaient parlé d'amitié entre homme et femme et avaient décidé de se revoir. Il lui avait donné rendez-vous dans un café et se souvenait très nettement du parfum de vanille de la crème glacée qu'elle léchait avec gourmandise. Elle-même portait un parfum de fleurs d'oranger et sa robe glissait sous la main avec un froissement de soie. Quand il pensait à elle, c'était comme si elle allait revenir d'un moment à l'autre, c'était comme si elle n'était pas morte. Pendant son entraînement de pilote, il avait été en contact avec la réalité virtuelle. Quand il pensait à Christine, il aurait voulu maîtriser cette nouvelle technologie pour la revoir comme quand elle était vivante et qu'elle renversait la tête en arrière pour faire entendre son beau rire clair.

LA RÉALITÉ VIRTUELLE

La technologie permettait au pilote de porter un casque équipé de lunettes faisant défiler un paysage réel. En fait, c'était comme se trouver devant un écran de télévision ou face à un ordinateur qui lui présentait le paysage en trois dimensions, une réalité prolongeant les fonctions du cerveau. Il se disait que les rêves et les fantômes étaient une sorte de «réalité virtuelle», sans informatique ni technologie... Il se réveillait alors, s'habillait très vite et allait parcourir le bois à grandes enjambées avant de prendre sa douche et son café.

Lila revint toute seule le lendemain. Elle était pressée de connaître l'histoire du huard.

Le Huron chantait...

- Qu'est-ce que c'est Wounded Knee? demanda-t-elle.

- C'est une des révoltes indiennes aux États-Unis, répondit-il.

- Comme dans l'Algérie de mon père?

- Je ne sais pas. Les hommes défendent la terre parce qu'ils défendent leur âme... Le droit à la danse du soleil... Mais tu ne veux pas voir les huards?

Encore une fois, il avait deviné ce qu'elle pensait sans qu'elle en parle.

Elle insista:

- Tu étais dans la révolte? Tu m'apprendras la danse du soleil? Je t'ai vu la faire autour du feu...

- Viens voir les huards, dit-il sans répondre à la question.

Il la prit par la main et l'entraîna vers la rive. Elle vit une larme couler sur sa joue. Elle se souvint qu'il ne fallait pas trop lui parler de révolte.

Tout à coup, il lui serra la main, la tira vers l'arrière et pointa son doigt sur le nid...

Les œufs avaient donné deux oisillons duveteux, noirs comme du charbon.

- Il faut aller leur chercher à manger, dit-il.

Et il se dirigea à grandes enjambées vers son canot d'écorce. Il savait que, dès leur naissance, les huards ont besoin de manger de petits poissons parfois déchiquetés par le bec robuste de leurs parents. Il se servirait, lui, de ses dents pour ramollir le poisson.

Un matin, Catherine, Lila et Patrick surprirent monsieur Gagné qui chantonnait, tranquillement assis sur la terrasse:

C'était un après-midi d'été
Même le ciel pleurait
Le lac l'a gardée
Je pense au rire de la noyée.
Mon enfant bercée
par les eaux tranquilles
Du lac immobile.
Des larmes roulaient de ses yeux.

Les enfants se retirèrent sans un mot.

LES SCULPTEURS

Plusieurs jours passèrent. Lila revenait régulièrement assister aux repas des huards. Le Huron était tendre comme une mère. Il pêchait de petits poissons, les mordillait; il changeait sa voix et imitait le chant mélancolique des huards.

Entre temps, il avait ramené devant sa porte le tronc d'un arbre que la foudre avait déraciné et il avait commencé à travailler sur l'arbre couché comme s'il caressait un animal. L'arbre présentait ses racines et ses branches comme une chevelure épaisse ou des bras tendus, tordus de douleur. Il était mort, mais l'Indien allait lui redonner une autre vie. Quelquefois, monsieur Gagné venait l'aider.

Monsieur Gagné était expert en bois. D'ailleurs, au village, il était connu comme le meilleur sculpteur, il faisait des statuettes et des bustes dans des troncs d'érable ou de bouleau; il appelait cela «gosser» et il pouvait passer des heures avec ses outils à la main. De temps à autre, il «descendait» à Montréal pour acheter des morceaux de bois précieux, acajou, cèdre rouge, ébène, pour faire des yeux, des décorations. Quand il avait terminé ses œuvres, il allait, dans sa camionnette, les livrer à Saint-Jean-Port-Joli pour qu'elles soient vendues aux touristes. Maintenant qu'il avait apporté ses outils dans son sac à dos, il s'affairait avec le Huron autour du tronc couché; les enfants les observaient de loin, les copeaux volaient comme des plumes blondes, la chair du bois cédait sous le ciseau et ça sentait bon la résine. Ils parlaient peu. Mais parfois, monsieur Gagné entonnait une très belle chanson de Gilles Vigneault:

«J'ai pour toi un lac,
Quelque part au monde
Un grand lac tout bleu
Ouvert comme un œil
Sur la nuit profonde,
Un cristal frileux...»

L'air et les mots de la chanson évoquaient un paysage paisible et un amour profond.

Quand le travail fut fini, ils remirent l'arbre debout. C'était un magnifique totem avec, en haut, des huards et des harfangs des neiges qui volaient parmi les nuages et d'autres, sculptés à la base du totem, qui plongeaient pour fendre les vagues d'eau. C'était grandiose et beau. Il s'en dégageait une impression de force et de tendresse et le bois avait pris par endroits une texture

satinée comme de la soie, avec des tons
dorés et bruns.

LA MORT DE L'OISEAU MAGIQUE

Un jour, Lila alla à la maison du Huron
et la trouva vide. Il était parti; elle s'in-
quiéta et courut jusqu'à la rive. Il était
là, accroupi, la tête dans les mains, il
pleurait avec de longs sanglots. En le
voyant, elle se mit à pleurer, elle aussi.

- Le huard est mort, dit-il.

Et il tendit sa grande main qui contenait le petit corps duveteux immobile.

- C'était déjà un miracle qu'ils puissent vivre sans mère... Il faut maintenant prendre soin de l'autre.

- C'est un oiseau magique? demanda Lila.

- Oh oui..., répondit le Huron, il a laissé des traces qui datent de la nuit des temps... On dit même que c'est lui qui a apporté la première poignée de terre au cœur des océans, il est le père de notre monde, il était là avant nous. Il ne faut pas qu'il disparaisse... Tu verras, celui-là, quand il sera grand, comme il sera habile à plonger et à pêcher... Et son chant fait pleurer les arbres et les pierres.

Il creusa un petit trou au pied d'un érable et y enterra l'oisillon. Il recouvrit le tout et se recueillit un instant; sans doute songeait-il au flamboiement du feuillage de l'érable en automne, comme à une sépulture royale, digne du petit être qui reposerait à son pied.

Le Huron prit délicatement le nid et le second petit huard. Il l'emmena chez lui. Il avait compris maintenant que la mère ne reviendrait pas. Il allait s'en occuper attentivement et l'amener chaque jour au lac pour lui permettre d'apprendre à nager.

LE DINOSAURE

Ce soir-là, Lila se coucha en pensant au Huron et au huard... Il y avait une grande étendue d'eau, c'était le coucher du soleil, puis, sur une île, le Huron tenait sur le dos de sa main le petit poussin. Lila vit un couple de huards qui fendaient le ciel de leurs ailes déployées et plongeaient avec élégance dans le lac. D'autres huards nageaient tout près avec leurs petits, confortablement installés sur leur dos. Soudain, le Huron montra du doigt la grande île d'en face. Lila y vit bouger une masse immense, comme une colline vivante, avec des yeux rouges comme le huard et une peau de crocodile sur le dos, et une peau d'éléphant sur les pattes.

La bête était si énorme qu'à chacun de ses pas, la terre tremblait; puis, surgit entre ses pattes Jacques le notaire. C'était son visage, mais il était habillé de cuir, avait le crâne rasé et de grosses bottes militaires aux pieds. Lila eut un frisson de terreur. Elle pensa aux skinheads que les enfants appelaient «tête de peau» ou «tête de pot», pour s'amuser.

La bête fit entendre un rire effrayant et avança vers le visage de Lila une patte aux griffes comme des couteaux. Elle ouvrit une gueule terrifiante et émit un son qui ressemblait à un rire ou à un hurlement qui fit vibrer l'air et trembler les nuages. Finalement, comme si elle venait de changer d'idée, la bête ramena sa patte sous elle. Elle semblait cacher le soleil; derrière elle, le ciel était sombre. Des nuages noirs moutonnaient à l'horizon.

Puis, le petit homme gesticulant disparut et la bête réapparut sans faire trembler la terre cette fois. Elle n'ouvrit plus la gueule; elle avait l'air moins effrayante. De ses yeux tombaient des

torrents d'eau claire. Lila se demanda ce que c'était.

- Un dinosaure, dit le Huron.

- Pourquoi est-ce qu'il pleure? demanda Lila.

- Parce qu'il sait qu'il va disparaître et quitter toutes les beautés de cette terre... Il ne sera plus qu'un souvenir et un squelette que les savants vont étudier et dater.

Les huards décrivirent des cercles autour de l'Indien et vinrent trottiner sur l'herbe, près du Huron qui plaça le poussin sur le dos de sa mère; les huards adultes avaient le dos noir, «marqueté» de carrés blancs, et les yeux rouges. Leur chant ressemblait à une ballade ancienne.

La mère huard s'éloigna sur l'eau avec son petit sur le dos, à côté de son compagnon qui continuait de pousser son chant plaintif.

Puis, il y eut une grande lumière qui inonda le paysage. Lila se réveilla, elle venait de rêver de huards et de dinosaures, parce que monsieur Gagné et le Huron avaient raconté aux enfants que les huards existaient déjà au temps des dinosaures...

Elle se souvint tout à coup qu'entre les pattes de devant du dinosaure, elle avait vu dans son rêve Jacques le notaire, trempé comme s'il venait de sortir de l'eau, comme s'il venait de noyer quelqu'un...

Maintenant, elle avait envie de savoir la suite de l'histoire.

- C'est vrai que tu es revenu pour te venger? demanda-t-elle au Huron. Est-ce que tu sais qui est le meurtrier?

Il ne répondit pas. Il savait que les rumeurs couraient dans le village. Il rêvait souvent d'un huard qui venait tourner autour de lui en lançant son chant plaintif et qui, étrangement, lui disait: «On ne guérit pas le mal par le mal, ne pas agir, c'est agir...»

Et il se réveillait, intrigué, et réfléchissait intensément à la signification du rêve...

LE TOTEM ET LE NOTAIRE

Il trouva un tronc de pin abandonné par des bûcherons, le ramena chez lui et commença à sculpter un buste de femme, très stylisé, avec un visage sans traits; il préférait imaginer la forme du nez, des lèvres, la couleur des yeux, mais le bois, sous sa main, glissait comme la peau de sa bien-aimée disparue. Il avait l'impression de fixer son âme dans les veines du bois, il vivait en sa compagnie, il était tellement occupé à sculpter et à rêver qu'il n'entendit pas arriver Jacques le notaire, jusqu'à ce que celui-ci se mît à crier:

- Je suis ici, viens me tuer!

Le Huron releva la tête, étonné.

- Ils disent que j'ai tué ta femme. Je suis ici, viens me tuer!

Il titubait, il était saoul.

- Que s'est-il passé? dit simplement le Huron.

- Elle voulait traverser le lac pour venir ici...

Le Huron se leva, alla dans la maison chercher du café qu'il avait laissé sur le feu. Il revint avec deux tasses et en donna une à Jacques.

Il imaginait sa femme, revenant chaque jour dans leur maison du bois, puis un jour, peut-être qu'elle n'avait plus trouvé le canot que monsieur Gagné avait pris pour la pêche. Et Jacques, l'amoureux éconduit qui était toujours dans les parages, avait proposé de lui faire traverser le lac.

- L'orage menaçait», dit Jacques, et il se rappela le ciel gris sombre et des nuées qui roulaient au-dessus du lac, puis les éclairs qui fouettaient le ciel. Il était inquiet, mais rien ne l'aurait arrêté, il aimait tant Christine, la fille de monsieur Gagné, qu'il ne demandait qu'à être auprès d'elle. Et puis, il avait été tellement peiné quand elle avait épousé le Huron; maintenant qu'il était à la guerre, il ne reviendrait jamais plus, imaginait-il.

Il invita Christine dans son bateau à moteur. Il était le premier à avoir ce genre d'embarcation parce qu'il avait décidé de devenir riche, très riche, afin de regagner le cœur de Christine.

Puis, il avait du mal à se souvenir de ce qui s'était passé.

- Les hélices du bateau se sont prises dans les algues... dit-il.

L'Indien écoutait sans dire un mot. On lui avait dit que Christine avait été tuée, il était revenu, à la fois pour comprendre et...

- Vous pouvez me tuer, dit Jacques.

Le Huron buvait son café comme s'il n'entendait pas. Il avait devant lui un homme ivre, que le remords torturait, mais était-ce un assassin?

- Qu'est-ce qui s'est passé? répéta-t-il, comme s'il avait du mal à se souvenir de la conversation.

Soudain, ils sursautèrent. Monsieur Gagné arrivait tout essoufflé. En les voyant assis, une tasse de café à la main, ses forces parurent l'abandonner; il s'assit lui aussi et prit sa tête dans ses mains. Il fallait qu'il remette de l'ordre dans ses idées. Il avait craint le pire: que l'Indien et Jacques ne s'affrontent sur un malentendu, et il regrettait de ne pas avoir eu le courage de raconter toute l'histoire de la noyade...

On lui avait dit dans le village que Jacques le notaire était parti à la rencontre de l'Indien. Il s'était affolé. Il avait couru de toutes ses forces pour arriver avant que l'irréparable ne s'accomplisse. Les deux hommes semblaient avoir compris. L'Indien dit simplement, d'une voix grave:

- Une tasse de café, père Gagné?

Monsieur Gagné hocha la tête en acquiesçant. Et un lourd silence tomba sur eux...

Finalement, tout le monde se retrouva à la maison de monsieur Gagné et tante Jasmine dans la cuisine. Tante Jasmine avait préparé du poulet aux olives et aux champignons.

- Une recette de ta mère, dit-elle à Lila.

Elle éplucha un gros oignon qu'elle trancha en fines lamelles et en fit autant pour un citron; elle mit dans une marmite le poulet coupé en quatre qu'elle fit rôtir avec un peu d'huile d'olive et l'oignon, puis le couvrit d'eau et ajouta un peu de sel, les olives dénoyautées, les tranches de citron, quatre feuilles de laurier, une pincée de safran. Après que le tout eut commencé à bouillir, elle réduisit le feu pour laisser mijoter; il flottait dans la cuisine une délicieuse odeur qui donnait faim... Puis, il y avait, sur un coin de la table, un immense saladier avec des feuilles de laitue et des noix de Grenoble, mais ce que Lila guettait par-dessus tout, c'était le gâteau au fromage que tante Jasmine préparait parfois devant elle. Elle écrasait des biscuits dans le fond du moule et mélangeait le fromage à la crème qu'elle étalait dessus. Elle ajoutait ensuite des morceaux de peau d'orange confite, puis le garnissait des framboises que les enfants rapportaient et elle faisait couler par-dessus un délicieux sirop couleur de rubis. Ensuite, elle plaçait le tout au réfrigérateur. Lila mourait d'envie d'aller jeter un coup d'œil. Ce fut Patrick, audacieux comme d'habitude, qui y alla.

- Il est là», dit-il avec un soupir de soulagement et il se pourlécha les lèvres, anticipant le plaisir qu'il aurait à déguster le gâteau à la fin du repas. Il vint chuchoter aux oreilles de Catherine et de Lila:

- Il est plus gros que d'habitude...

Après le gâteau, les hommes allèrent discuter au salon pendant que les enfants et tante Jasmine s'affairaient dans la cuisine.

Soudain Lila prit le bras de tante Jasmine et, les larmes aux yeux, dit:

- J'ai envie de mourir.

Tante Jasmine lui dit:

- Viens par ici.

Elles se dirigèrent vers le salon et tante Jasmine s'installa sur le divan, avec Lila sur ses genoux. Elle prit sa tête dans ses mains.

- Tu es faite pour vivre, mon enfant, qu'est-ce qui se passe?

- J'ai peur... dit Lila en pleurant.

- Mais de quoi? Il n'y a rien, c'est encore cette histoire de fantôme? Il n'y a rien, dit tante Jasmine qui ne comprenait pas vraiment.

- Non, mes parents vont divorcer.

Alors, tante Jasmine fit entendre un petit rire.

- Père Gagné ne t'a rien dit? Il a dû oublier avec toutes ces histoires... Nous avons reçu une lettre de ta mère. Ils ont rencontré un conseiller conjugal et ton père a trouvé un emploi de professeur dans un cégep. Tu vois que tu n'as pas besoin d'avoir peur!

Lila poussa un long soupir et cacha son visage dans le cou de sa tante Jasmine. Elle aimait l'odeur de ses mains qui sentaient le «propre» et l'orange qu'elle avait pelée pour le gâteau. Lila eut envie de s'endormir là pour longtemps.

L'ESPIONNITE

«L'espionnite»... C'est ainsi que les enfants appelaient les moments où ils se cachaient derrière la galerie pour écouter les conversations des adultes.

- Qui est-ce qui l'a tuée? dit Patrick qui ne pouvait s'empêcher de penser à l'Indien, à Jacques le notaire et à Christine la noyée.

- Ce n'est pas bien d'écouter les conversations, répondit tante Jasmine en agitant l'index. Allez, il est temps d'aller dormir...

Le lendemain, les enfants revinrent sous la galerie pour faire de «l'espionnite». Il y avait tout le monde comme d'habitude, mais aussi le Huron. Monsieur Gagné et lui avaient à la main chacun un bout de bois, dans lequel ils sculptaient ce qui ressemblait à une pipe.

- C'était une belle journée, dit tante Jasmine avec un soupir.

- Personne n'aurait pu imaginer l'orage, poursuivit monsieur Gagné. Quand j'ai retrouvé Jacques le notaire, il faisait presque nuit. Des ouvriers de l'usine à bois m'ont dit qu'il avait plongé à plusieurs reprises. Il était épuisé. Quand le destin décide...

- Je suis inquiète, dit tante Jasmine, Patrick n'arrête pas de parler de son fantôme...

- Si les hélices du moteur ne s'étaient pas prises dans les algues, les secours seraient peut-être arrivés à temps... dit monsieur Gagné.

- Christine avait tellement besoin d'aller dans votre maison, dit tante Jasmine au Huron.

Elle poursuivit d'une voix fâchée:

- S'il n'y avait pas tant de pollution aussi. Quand j'étais jeune, l'eau du lac était pure comme une source, mais voilà... Les produits chimiques changent la composition de l'eau et les algues poussent. Qui sait quand et comment nous redonnerons la santé à nos lacs...

Patrick était allergique aux chats et voilà qu'un gros matou venu d'on ne sait où vint promener sa queue sous son nez. Lila et Catherine, d'un geste vif, portèrent la main à son visage... Trop tard, il fit entendre le plus bruyant des éternuements, trahissant ainsi sa présence et celle des deux filles. Tante Jasmine arriva précipitamment et, les mains sur les hanches, dit d'un ton sévère:

- Qu'est-ce que j'ai dit hier? Vous ne comprenez vraiment pas!

Patrick, Lila et Catherine se retrouvèrent autour du gros rocher dans le bois. Ils marchaient sur la pointe des pieds.

- Ne faites pas de bruit, dit Patrick, elle va apparaître. C'est quand le soleil se couche qu'elle revient, elle fait bouger les branches des arbres.

On voyait, en effet, le soleil qui descendait à l'horizon. Entre les branches et le ciel, il semblait disparaître derrière de longues traînées de nuages déchirés, cuivrés. C'était comme des flammes qui glissaient doucement autour d'un disque d'or. Les arbres ressemblaient à des personnages de théâtre fixés dans leur mouvement, pétrifiés par la richesse du décor dans lequel ils devaient évoluer.

- Chut! fit Patrick.

On entendait vaguement le froissement des feuilles, comme des pas sur la
terre humide de la forêt, puis les arbres
se mirent à bouger. Patrick vit alors une
grande femme qui tenait d'une main sa
longue robe de voile, blanche et rose.
Sur sa tête scintillait, aveuglante, une
couronne de pierres précieuses.

- Je ne vois pas, dit Catherine.

- Chut! répéta Patrick.

Lila entendit des pas, ses oreilles
bourdonnaient. Elle commença:

- Moi aussi...

Et se tut, le souffle coupé; elle voyait,
elle aussi, une grande forme blanche
entre les branches de bouleau et eut
l'impression d'apercevoir la forme d'une
femme qui émergeait d'une vague de
lumière comme si elle sortait de l'eau.
La forme semblait glisser dans la lumière du soleil couchant et les pas se
firent plus précis, comme des batte-
ments de cœur.

- Ce sont les pas d'un chevreuil, dit
Catherine.

- Chut! firent les deux grands.

Le bois devenait obscur, ils se mirent à courir à toute vitesse vers la maison, le cœur battant et le souffle court.

- Attendez-moi, criait Catherine, j'ai peur du fantôme.

Lila et Patrick s'entendirent pour ne plus emmener Catherine au rendez-vous du fantôme. Elle était décidément trop petite et ne comprenait rien aux affaires des grands.

Les adultes non plus ne comprenaient rien; ils ne voulaient pas croire à l'histoire du fantôme. Eux aussi disaient que c'était un chevreuil ou une chouette.

L'ÉCOLE D'AÉRONAUTIQUE

Au milieu des vacances, les adultes décidèrent d'emmener les enfants à Montréal pour que Lila puisse voir ses parents et faire quelques emplettes. Ils réservaient aux enfants une grande surprise! La route était longue, et monsieur Gagné et l'Indien se relayaient au volant de la camionnette. On avait emballé les sculptures dans des sacs de jute avant de les entasser à l'arrière du véhicule. Les enfants avaient emporté des jeux pour se distraire et Patrick s'efforçait de ne pas être malade. Tout le monde s'arrêta à Saint-Jean-Port-Joli chez la sœur de monsieur Gagné. Elle était électricienne et réparait les lumières des églises jusque dans les villages des alentours. C'était un métier rare pour une femme, mais personne ne contestait sa compétence. Elle s'appelait Laura. Laura servit à ses invités un délicieux pâté de canard avec du fromage et de la salade, puis leur offrit du thé et du gâteau aux bananes. Monsieur Gagné et l'Indien semblaient heureux, ils avaient fait de bonnes affaires avec leurs sculptures et le lendemain matin, ils prirent la route, avec les enfants, pour Montréal.

La ville semblait pleine de béton, elle était belle quand même; c'était comme les images de New York, qu'on voit au cinéma, mais avec des rues plus larges, un ciel plus clair et des magasins fabuleux. Après une halte chez les parents de Lila, qui semblaient plus sereins, tout le monde reprit la route et on sortit de la ville. Monsieur Gagné et l'Indien arboraient leur air le plus mystérieux. On arriva devant une grille et les enfants aperçurent des silhouettes argentées qui brillaient sous le soleil comme des soucoupes volantes; c'étaient des avions.

Sur une pancarte, en grandes lettres, on pouvait lire: aéroport.

Dès qu'ils le virent, les employés de l'aéroport semblèrent reconnaître l'Indien, car ils l'appelèrent «Cap'tain». Ils le respectaient beaucoup. Ils firent visiter l'aéroport et l'école d'aéronautique aux enfants.

- N'approchez surtout pas, dit l'Indien aux enfants, même arrêtés, les avions sont dangereux, si vous touchez aux hélices, elles peuvent partir toutes seules et vous tuer!

D'ailleurs, ne prenant aucun risque, l'Indien et monsieur Gagné entouraient les enfants, les tenaient solidement par la main. Ils les emmenèrent dans un hangar où chacun leur tour, ils purent s'asseoir à l'intérieur d'un simulateur de vol et piloter un avion, comme dans la vraie vie, sauf que là, l'avion bougeait sans décoller. Après avoir fait un petit tour dans un avion de brousse piloté par l'Indien, au-dessus de l'aéroport, ils s'apprêtaient à partir quand ils virent l'Indien saluer une jeune femme blonde qu'il semblait connaître. On l'appelait «Capitaine», elle aussi. L'Indien dit aux enfants qu'elle était pilote et instructeur-pilote.

- Vous n'avez pas peur? dit Lila.

- Non», répondit la femme avec un petit sourire. Elle arrivait à l'épaule de l'Indien et semblait fragile.

- Alors, je serai pilote moi aussi.

Patrick et Catherine renchérirent:

- Moi aussi!

Les adultes s'amusèrent de cet engouement soudain et monsieur Gagné dit:

- Allez, il est temps de rentrer à la maison.

L'ABSENCE DE L'INDIEN

Un jour, Lila alla frapper à la porte, chez monsieur Gagné. Elle pleurait.

- Il est parti, dit-elle entre deux sanglots.

- Je sais, dit monsieur Gagné, il est allé porter l'oiseau au Minnesota. C'est là qu'il a le plus de chances de survivre, parmi d'autres huards.

- Et le Huron, il ne reviendra plus?

Monsieur Gagné ne répondit pas et

prit un petit papier dans la poche de sa veste.

- Il m'a laissé un mot pour toi et les enfants, écoutez:

«Je vous laisse ma serre et mes arbres.

Monsieur Gagné connaît l'usage des plantes. Ne coupez jamais un arbre vivant, vous blesseriez la terre. Prenez soin du lac, ne brisez pas le miroir des nuages...

Voici quelques mots pour que vous vous souveniez de moi...

L'aile de l'oiseau-tonnerre découpe le soleil

La danse du feu bat au cœur de la terre

Le huard a semé les continents et les rivières

En attendant que la nature se réveille,

L'Indien et ses frères veillent sur la vie et en sont fiers.»

L'ACCIDENT

Les vacances étaient finies et Lila s'apprêtait à rentrer à Montréal. Elle promit de devenir ornithologue pour aller aider le Huron à sauver des oiseaux.

Plus tard, elle apprit ce que monsieur Gagné avait toujours su. Il avait vu Jacques le notaire et sa fille sur le lac, puis comme le temps passait, il s'était inquiété. La nuit étant tombée, monsieur Gagné ameuta les gens du village et ils partirent dans plusieurs embarcations, se faisant des signaux avec les lampes électriques. L'orage avait cessé, mais un bateau à moteur s'était immobilisé. Son hélice s'était prise dans les algues qui, comme de grands cheveux, s'étaient enroulées autour de la mécanique et avaient bloqué le moteur.

Les gens s'interpellaient nerveusement. Monsieur Gagné, n'en pouvant plus, débarqua sur le rivage; il avait vu dériver le canot de Jacques le notaire et constata qu'il était vide. En marchant sur la rive, il vit le bûcheron Marc-André penché sur un corps. Il accourut, affolé. Marc-André, craignant un malentendu, lui dit précipitamment:

- Il a plongé plusieurs fois pour la sauver... Je le voyais, il ne voulait pas s'arrêter... C'est un accident. Il appelait Christine comme un fou... On a appelé plusieurs fois... Elle a disparu.

- Mon Dieu, avait simplement dit monsieur Gagné en se prenant le front dans les mains.

Quand le Huron était revenu, monsieur Gagné lui avait tout raconté. À la fin de l'été, le Huron était reparti avec le huard et l'on craignait de ne plus jamais le revoir au village.

Volet informatif

— ◦—◦ —

Rédaction:
Marie Trudel

Collaboration spéciale:
Nadia Ghalem

UN PEU DE GÉOGRAPHIE

LA MATAPÉDIA

C'est la rivière qui donne son nom à la vallée de la Matapédia. On la surnomme la rivière aux 222 rapides! Mais elle n'est pas toujours turbulente; il lui arrive aussi de rouler des eaux calmes, comme c'est le cas dans les environs de la petite ville d'Amqui.

Le village de Restigouche ne passe pas non plus inaperçu, à cause de la rivière qui porte également le même nom. Sur la carte géographique, on peut voir les rivières Matapédia et Restigouche se rejoindre, justement dans les environs de Restigouche. Le nom Matapédia est un dérivé d'un mot indien qui signifie «confluence», soit un point où deux cours d'eau se joignent. On suit donc la rivière Matapédia pour arriver au village de Restigouche et à la rivière du même nom.

Le long de la rivière Matapédia, on trouve plusieurs autres villes et villages dignes d'intérêt. Routhierville, par exemple, qui possède le plus long pont couvert de la région; Causapscal, dont le nom indien signifie «eau rapide», qui vit de l'exploitation forestière; Amqui, dont le nom, également indien, signifie «où l'eau s'amuse»; et enfin, Sayabec, que l'on prononce Sé-bec, qui signifie «rivière obstruée»; on l'a appelée ainsi justement à cause de ses barrages de castors.

Lac-au-Saumon, dérivé d'un nom indien qui voulait dire à l'origine «l'eau s'amuse», est une petite localité d'environ 2000 habitants. Sur la carte, on peut voir que Lac-au-Saumon est situé presque entre Amqui et Causapscal, toujours le long de la rivière Matapédia.

DES PLANTES ET DES HERBES

On trouve toutes sortes de plantes, comestibles ou autres. Il faut posséder beaucoup de connaissances et d'expérience afin de pouvoir reconnaître les plantes sauvages et de se passionner pour leur recherche en vue d'en apprécier la beauté, le parfum ou la saveur. Certaines plantes poussent dans l'eau douce des rivières et des lacs, ou encore dans l'eau salée de la mer; ce sont les algues. On les appelle «plantes aquatiques d'eau douce ou salée». Certains produits chimiques provoquent une croissance excessive des algues, lesquelles détériorent les lacs et les cours d'eau et finissent par les tuer. Cependant, toutes les algues ne sont pas nuisibles; par exemple, celles qui nourrissent les poissons dans les aquariums, ou certaines algues de la mer que l'on mange comme des légumes, surtout en Asie.

Quant aux plantes terrestres, certaines peuvent se révéler très utiles. En plus d'être bonnes pour la santé, elles peuvent servir à la fabrication de médicaments. L'aloès, par exemple, est une plante des régions chaudes désertiques. On lui reconnaît des vertus pour guérir les brûlures et les coupures mineures. Il est également bon pour la peau. On dit que Cléopâtre, la reine égyptienne de l'Antiquité, l'utilisait comme produit de beauté. Les Amérindiens, eux, le surnomment plante santé. Les feuilles de l'aloès sont longues, charnues et pointues. Une fois fendues, elles laissent voir une gelée transparente et visqueuse dont on se sert pour soigner les blessures. L'aloès est cultivé comme plante grasse et on l'utilise dans l'industrie cosmétique pour fabriquer des crèmes de beauté.

L'asclépiade est une plante que les Hurons ont cultivée. Elle est d'un vert légèrement grisâtre et ses fleurs roses sont odorantes. Elle pousse à l'état sauvage dans les bois du Québec, et parfois même dans les terrains vagues ou les jardins de Montréal.

La fougère est une autre plante comestible, plus connue celle-là. Elle pousse sur le sol, sous les arbres et dans les sous-bois.

Ses feuilles très découpées et enroulées au début de leur croissance ont la forme d'une crosse de violon.

Les simples

Nom que l'on donnait anciennement aux plantes remèdes ou médicinales qui servaient à soigner. Par exemple, les feuilles d'eucalyptus (vendues en pharmacie), infusées, servent à soulager du rhume. De même, les feuilles de menthe, que l'on fait bouillir dans de l'eau pour obtenir une tisane, favorisent une meilleure digestion.

Le liquide obtenu en faisant bouillir dans de l'eau les feuilles de certaines plantes, comme la menthe ou l'eucalyptus, pour en obtenir un goût, un parfum, un arôme ou une couleur s'appelle une décoction. On peut faire une décoction de menthe ou de thé, par exemple.

DES FLEURS...

La capucine est une plante ornementale à feuilles vertes rondes et à jolies fleurs orange, jaunes ou rouges. Elle pousse très bien au Québec, que ce soit dans les boîtes à fleurs ou les jardins. On la cultive aussi dans des serres spécialisées dans la production de fleurs comestibles. Les épiceries de luxe les vendent à leur tour comme garniture pour les plats et les gâteaux. On peut se servir des bourgeons de capucines pour faire des câpres.

Les câpres proviennent des capucines, mais également des boutons à fleurs d'un arbuste appelé câprier. Le câprier a une tige souple, de grandes fleurs d'un blanc rosé dont les boutons deviennent des câpres, tout comme les bourgeons de capucines que l'on met à confire dans du vinaigre. Ressemblant à de minuscules et délicieux cornichons, les câpres peuvent accompagner les viandes et les poissons, plus particulièrement le saumon fumé.

DES CHAMPIGNONS...

Attention, certains champignons doivent être manipulés avec beaucoup de prudence!

Les morilles sont des champignons comestibles, à chapeau alvéolé, très recherchés pour leur saveur délicate. On peut cuisiner un délicieux poulet aux morilles.

Les coprins sont des champignons jaunes, de petite taille, qui ne durent pas longtemps et qui poussent sur le fumier. Au Québec, on trouve des coprins chevelus

sous les arbres ou dans la forêt. Ils sont plutôt blanchâtres, et l'intérieur de leur corolle est brun. Ils sont délicieux, mais il faut bien les connaître et ne pas les confondre avec d'autres champignons qui sont de véritables poisons mortels.

ET DES ARBRES

Le bouleau est un grand arbre des régions froides et tempérées, que nous trouvons, entre autres, au Québec. Son écorce blanche et ses petites feuilles le caractérisent.

67

Quant à son bois, il est utilisé en menui-
serie, en ébénisterie ainsi que pour la fabrication du papier.

L'ébène est le bois d'un arbre nommé
ébénier. D'un noir foncé, il est très dur et
lisse et sert à la fabrication de meubles
et d'objets précieux. On dit noir comme
l'ébène, des cheveux ou des yeux d'ébène.

LE HUARD MESSAGER

Au Canada, il existe quatre espèces de
huards, dont trois nichent dans les régions
boréales et arctiques. La quatrième espèce,
celle de nos régions, est le huard à collier,
qui privilégie les lacs tranquilles, plutôt
sauvages, entourés de sapins et d'épinettes.

HA HA, HOU HOU, YODEL'AÏ OUH, OUH...

Quand le huard a peur, il pousse des cris
qui ressemblent à des rires quasi démen-
tiels. Par contre, lorsqu'il appelle l'un de ses
amis, il pousse une longue plainte traî-
nante. Et lorsque le mâle fait le guet, il «jodle»
à la manière des chanteurs tyroliens... Une
expression anglaise populaire, bien connue,
se traduit par: «Aussi fou qu'un huard», ce
qui veut tout dire!

Désordonné et pataud en plus!

Le huard est désordonné! Il se construit un nid d'herbes et de racines au bord de l'eau, et cela de façon tout à fait désorganisée. Dès la naissance des oisillons, recouverts d'un épais duvet brun foncé, les parents les poussent à l'eau, car ils savent très bien nager tout de suite.

Le huard ne gagnerait jamais une course à pied! Ses pattes étant situées à l'arrière de son corps, son équilibre est très relatif, car il doit s'aider de son ventre pour avancer. Mais quel bon nageur! Ses grosses

palmes, qui le rendent si gauche sur terre, deviennent dans l'eau un vrai gouvernail. Quant à son bec, long et effilé comme une lame de poignard, il lui permet de fendre le courant à toute vitesse. Lorsqu'il est en danger, le huard peut rester sous l'eau très longtemps; il y reste enfoncé, ne laissant dépasser que sa tête et son cou.

Dans l'histoire, l'auteur dit que le huard est «marqueté»; c'est une jolie allusion à nos planchers de bois marqueté! En effet, on aperçoit sur son dos des lignes blanches qui tranchent nettement sur le noir brillant de son dos et de ses ailes. Son «plastron», c'est-à-dire le devant de sa poitrine, est blanc. L'hiver, son plumage devient d'un gris terne et son plastron, d'un blanc sale. Même ses yeux changent de couleur et passent du rouge au brun.

Serait-il paresseux?

Notre ami a une habitude amusante: il se couche sur le côté pour lisser ses plumes avec son bec. Le plumage du huard est épais et imperméable. Jadis, les Amérindiens confectionnaient des sacs parfaitement étanches à l'aide des peaux de huards, et les pionniers s'en faisaient des sortes de pèlerines et d'autres articles vestimentaires.

Protégeons-le!

Ce bel oiseau symbolise bien la nature sauvage de notre environnement. Au pays, une loi fédérale le protège contre les chasseurs. Par contre, il fait son nid si près de l'eau que, sur un lac, des bateaux motorisés peuvent facilement le détruire. Au mois d'octobre, le huard émigre vers la mer, au large de nos côtes, pour revenir au printemps.

LES GRANDES INVENTIONS

L'aéroglisseur est un véhicule qui se déplace au-dessus du sol ou de l'eau grâce à un coussin d'air. On dit que ces véhicules existeront de plus en plus dans le futur. Imaginez Montréal, avec des aéroglisseurs qui passeraient par-dessus les bancs de neige!

Il existe aussi un autre type de véhicule, plus spécialisé: l'hydroglisseur. Il s'agit d'un bateau à fond plat qui glisse sur l'eau grâce à une hélice aérienne.

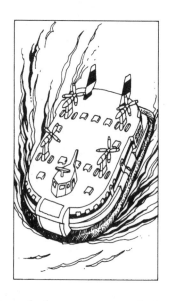

L'avion de brousse, en général, est un petit avion qui peut se poser dans des zones éloignées des grands aéroports. Il sert à transporter des gens et des marchandises dans les régions qui, autrement, seraient inaccessibles. Ainsi, il amène chasseurs et pêcheurs près des lacs, des rivières et des bois. L'avion de brousse peut aussi secourir des gens perdus en forêt, ou immobilisés, en hiver, sur des lacs gelés.

Le simulateur de vol est une machine qui permet d'apprendre à piloter un avion tout en restant au sol. L'apprenti pilote y entre comme dans une voiture. Devant lui se trouvent les manettes et les boutons du tableau de bord, comme dans un avion; ces derniers lui permettront de se pratiquer à piloter avant d'être aux commandes d'un véritable avion.

Le simulateur de vol est le fruit de technologies spéciales qui créent une réalité virtuelle. À l'aide d'ordinateurs, il est possible de reproduire des images, des sons et des sensations semblables à la réalité. Pour le pilote d'avion, il s'agit, pour l'instant, d'un casque muni de minuscules projecteurs lui donnant l'image exacte du terrain sur lequel il va se poser.

LEXIQUE

AÉROGLISSEUR:
Sorte de bateau qui se déplace au moyen
d'un coussin rempli d'air; l'aéroglisseur
prend son départ sur la terre ferme.

ALLUVIONS:
Dépôts (cailloux, graviers, sables, boues)
transportés par les eaux courantes, les
glaciers, le vent. On parle alors d'alluvions
glaciaires ou éoliennes. Les alluvions
donnent des terres très fertiles. Quand elles
sont accumulées là où un fleuve rencontre
la mer, elles forment un delta (par exemple,
le delta du Nil en Égypte, le delta du
Mékong au Viêt-nam).

ALOÈS:
Plante grasse aux
feuilles longues,
pointues et bordées de
piquants. Ses fleurs
sont jaunes ou rouges.

ASCLÉPIADE:

Plante cultivée pour ses fleurs roses qui sentent très bon. L'asclépiade donne aussi des fruits.

AVION DE BROUSSE:

La brousse désigne les arbustes, les buissons et des herbes hautes qui se trouvent uniquement dans des pays chauds, où le climat est sec et la végétation, pauvre; un «avion de brousse» désigne un appareil qui se rend particulièrement dans ces pays.

CÂPRE:

Bouton d'un arbuste que l'on conserve dans le vinaigre et que l'on utilise comme condiment, comme épice et dans les recettes de cuisine.

Bref, pour donner plus de goût aux aliments; de même, le bourgeon de la capucine (fleur) donne des câpres.

COPRIN:

Champignon jaune dont le chapeau est
ovoïde, c'est-à-dire en forme d'œuf. Il
pousse sur le fumier et les déchets;
on peut le manger quand il est jeune.

CROSSES DE FOUGÈRES:

Fougère (plante) dont la tige se termine en
spirale, comme un petit ressort.

DELTA (du Mékong, voir Mékong):

Un delta a la forme d'un triangle et sa
pointe est en amont. L'embouchure d'un
fleuve constitue la pointe du triangle.
Voilà pourquoi on dit que le delta est un
terrain formé par un dépôt d'alluvions à
l'embouchure d'un fleuve (voir alluvions),
qui la divisent en plusieurs ramifications.

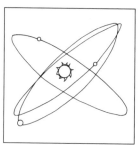

ELLIPSE:

Sorte de courbe ovale
fermée. La terre en
tournant autour du
soleil forme une
ellipse.

GALAXIE:

Immense ensemble d'étoiles qui en comprend parfois des milliards. Vue de la terre, une galaxie est un long trait brillant, aussi blanc que du lait; la voie lactée est une galaxie.

HARFANG:

Grosse chouette blanche de l'Arctique; le «harfang des neiges» a été désigné comme emblème du Canada.

MARCASSITE:

Pierre utilisée dans la fabrication de bijoux; on la trouve dans la nature; elle ressemble à un diamant noir.

MÉKONG (delta du):

Fleuve qui prend naissance au Tibet et va se jeter dans la mer de Chine.

MORILLE:
Champignon comestible (qui se mange) au goût très parfumé. Ce champignon pousse au printemps, au bord des chemins et sous les arbres.

NORDET:
Vent qui vient du nord-est.

ORNITHOLOGISTE:
Personne qui étudie la zoologie (les animaux), et plus particulièrement la vie et le comportement des oiseaux. En grec, *ornis*, *ornitho*, veut dire «oiseaux».

PÉTRIFIÉ:
Se dit de ce qui est changé en pierre (bois pétrifié par le temps); se dit aussi d'une personne qui est immobilisée par une émotion violente.

RÉALITÉ VIRTUELLE:
Virtuel signifie possible ou probable; une réalité virtuelle n'est pas encore là, mais elle peut arriver et se produire, comme elle peut aussi ne pas arriver.

SAUMON FUMÉ:

Saumon (poisson) ayant subi un procédé de séchage et de conservation. Les viandes peuvent aussi être fumées.

SIMPLES:

Herbes ou plantes médicinales que les autochtones préparaient eux-mêmes pour soigner leurs malades.

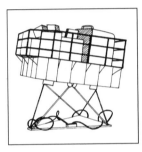

SIMULATEUR DE VOL:

Simuler veut dire faire semblant; un simulateur de vol est un appareil qui, au sol, représente artificiellement le fonctionnement d'un avion, comme s'il était en train de voler; c'est pour cette raison que l'on dit: un simulateur... Cet appareil sert donc à apprendre à piloter.

SKINHEAD:

Mode qui a commencé en Angleterre et qui s'est répandue ensuite dans plusieurs autres pays, dont le Canada; on reconnaît un *skinhead* particulièrement parce qu'il a la tête rasée.

«STYROFOAM» OU POLYSTYRÈNE:

Matière plastique provenant d'un arbuste de l'Indonésie appellé styroax. En français, on entend presque toujours le mot «styrofoam», mais c'est un anglicisme... un mot anglais.

TOTEM:

Ce mot est algonquin. Dans les «clans», les tribus autochtones, il signifie l'animal qui représente un ancêtre ou un parent lointain, protecteur du clan. Le totem est aussi une statue de cet animal qui a été sculptée dans du bois.